A LOS NIÑOS QUE QUIEREN HACER TEATRO

¡Bienvenidos al mundo del teatro!
Debéis reuniros todos los que queráis participar en la obra,
la leeréis juntos y elegiréis al director,
que será el que distribuya los papeles. Cada uno lo aprenderá bien
y luego realizaréis varios ensayos antes de ponerla en escena.
Si el día de la presentación se te olvida alguna palabra, ¡no te preocupes!,
cámbiala por otra y sigue adelante ¡nadie se dará cuenta!
En cuanto al decorado, vestuario... etc., podéis hacerlo vosotros mismos
con la ayuda de vuestros padres y profesores.
Uno se preocupará del maquillaje, otro de las luces, etc.
Espero que este libro te ayude a adentrarte en este mundo fascinante
del teatro y te haga cosechar muchos éxitos.

Un aplauso muy fuerte y un beso
Ana Serna Vara

© SUSAETA EDICIONES, S.A.
Campezo, s/n - 28022 Madrid
Tel.: 913 009 100 - Fax: 913 009 118
Impreso en España
www.susaeta.com
ediciones@susaeta.com
Textos: Ana Serna Vara
Ilustraciones: Eduardo Trujillo
Diseño de cubierta: Paniagua&Calleja

TeATRo PARA Niños

ANA SERNA VARA
ILUSTRADO POR EDUARDO TRUJILLO

susaeta

La Bruja Sinforosa

PERSONAJES

SINFOROSA: Vestida con un traje multicolor. Muy alegre. Con sombrero y zapatos de bruja, pero de colores chillones. Lleva una escoba. Pelo pelirrojo.

BRUJAS 1, 2, 3 Y 4: Unas brujas serán altas, otras bajas, gordas, flacas, guapas y feas; y sus trajes, cada uno a su gusto.

NIÑOS: Niños y niñas de edades diversas.

ACTO I

*A*L *LEVANTAR* el telón aparece la bruja Sinforosa sobre una escoba en el escenario. El decorado, que representa el cielo, puede hacerse con sábanas azules. Sobre ellas, como si se tratase de nubes, pegaremos algodón o corcho blanco. También se pueden colgar del techo, mediante hilo de nailon, nubes de corcho a diferentes alturas. Un foco ilumina a Sinforosa y a su escoba.

SINFOROSA: (Hablando al público, muy deprisa, sin dejar tiempo para contestar a las preguntas que hace). -¡Hola, amigos! ¿Qué tal? ¡Seguro que estáis muy contentos! (Sonriendo.) Se os nota en las caras tan guapas y sonrientes que tenéis. Sin embargo yo... ¡Qué desgraciada soy! (Empieza a sacar un pañuelo, que es como una sábana larga, para sonarse la nariz. Hace ruido al sonarse y con voz muy triste continúa): ¡No doy una! ¿Que no os

lo creéis? ¡Pues creéroslo! Es cierto. ¡Soy una calamidad!

Soy una bruja sosa, casi de mentirijillas y todas las noches se me aparecen en sueños un montón de brujas horribles, me mueven la cama, me apagan la luz, me meten el pelo por la oreja y me hacen mil perrerías. El colmo fue una noche en que las otras brujas me obligaron a beber un brebaje marrón, dulzón y espumoso. Dijeron que gracias a ese brebaje me convertiría en una bruja-bruja. Y como me pasan tantas cosas y pienso que todavía me falta mucho para llegar a serlo, aquí me tenéis bebiendo esta cosa tan asquerosa. *(Bebe de un tarro sucio.)* ¡Qué horrible es esto! ¡Ya veréis las cosas que me pasan! Porque todas estas brujas que yo conozco y que andan cerca de aquí son malísimas.

Sinforosa sale por la izquierda del escenario, mientras suena una música de fondo y entran por el lado derecho las brujas, bailando y dando gritos.

BRUJA 1: Antes de lanzar nuestro embrujo y para que el ambiente de esta habitación se sature de nuestra maldad, quiero haceros una pregunta: ¿Dónde estabais cuando os llamé? ¿No sabéis que tenemos que elegir a la bruja del año?

BRUJA 2: Yo estaba cociendo un mejunje de ajos y cebollas para dejar ciegos a los niños.

BRUJA 3: Yo enseñaba una canción a las culebras para que engañen a los hombres y luego les muerdan fuerte en los pies.

BRUJA 4:   Yo estaba vaciando las ubres de las ovejas porque me divierte ver morir de hambre a los corderos.

BRUJA 1:   *(Con voz autoritaria.)* Veo que cumplís bien vuestra misión y estoy contenta de vuestras acciones. Pues yo, cuando os llamé, descansaba en el hueco de la chimenea desde donde veo todas las cosas del mundo. Y al ver que Sinforosa, a pesar de tomarse el brebaje, no consigue hacerse bruja, he decidido que lanzaremos nuestro maleficio.

BRUJA 2:   Yo creo que no necesitamos a Sinforosa, a nuestro maleficio no sobrevivirá.

BRUJA 3:   Lancémoslo.

BRUJA 4:   Y no perdamos más tiempo, que el día es muy peligroso.

BRUJA 2:   *(A bruja 1.)* Comienza tú, que eres la más vieja.

BRUJA 1:   *(Alzando los brazos y gritando.)* Por la serpiente negra cocida en caldera de bronce, por los matorrales de agudas espinas, y por la luz verde de los ojos de gato, caiga el maleficio en esta habitación.

TODAS: *(Alzando los brazos)* Caiga el maleficio.

Comienzan a danzar macabramente al ritmo de una canción en la que se recita muchas veces, y a manera de estribillo, la palabra "maleficio".

BRUJA 1:   Tenéis la cara más negra que la barriga peluda de algunos animales.

TODAS: Ja, ja, ja.

Desaparecen por la derecha.

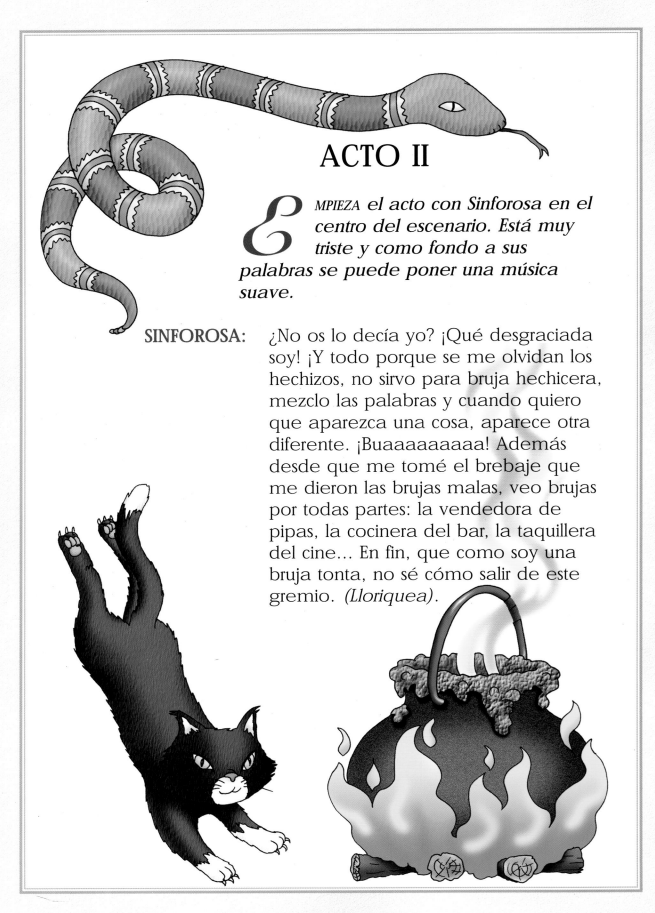

ACTO II

EMPIEZA *el acto con Sinforosa en el centro del escenario. Está muy triste y como fondo a sus palabras se puede poner una música suave.*

SINFOROSA: ¿No os lo decía yo? ¡Qué desgraciada soy! ¡Y todo porque se me olvidan los hechizos, no sirvo para bruja hechicera, mezclo las palabras y cuando quiero que aparezca una cosa, aparece otra diferente. ¡Buaaaaaaaaa! Además desde que me tomé el brebaje que me dieron las brujas malas, veo brujas por todas partes: la vendedora de pipas, la cocinera del bar, la taquillera del cine… En fin, que como soy una bruja tonta, no sé cómo salir de este gremio. *(Lloriquea).*

NARRADOR: Sinforosa, querida Sinforosa, no llores.

SINFOROSA: ¿Cómo no voy a llorar? Yo quería ser una bruja, bruja, y todo me sale mal... Pero... ¿quién me habla?

NARRADOR: Soy tu tatarabuelo Cenón.

SINFOROSA: *(Mirando a lo alto.)* Tatarabuelo, tatarabuelo, ¿vienes a ayudarme?

NARRADOR: Vengo a darte un consejo. No quiero que seas bruja. Busca la felicidad y no te dejes entristecer por comentarios perversos. ¡Mucha suerte, tataranieta!

SINFOROSA: ¡Tatarabuelo, tatarabuelo, no te vayas! ¡Vaya!, ¿qué habrá querido decir con esas palabras? ¡Por lo menos hay alguien que se acuerda de mí! Bien, practicaré de nuevo los hechizos.

(Sinforosa pone la mesa en el centro del escenario, coge un sombrero, lo tapa con un gran pañuelo y dice las palabras mágicas.)
¡Abracadabra, pata de cabra, plis, plas, plos, que aparezca aquí una flor!

(Levanta el pañuelo, mete la mano en el sombrero y saca una lechuga.)
¡Oh, qué horror! Lo estoy haciendo cada vez peor. Lo que creo es que no he nacido para ser bruja hechicera, a mí lo que realmente me hubiera gustado es ser bruja vendedora de chucherías en un parque de niños, pero nunca se lo he dicho a las otras brujas, porque se reirían de mí.

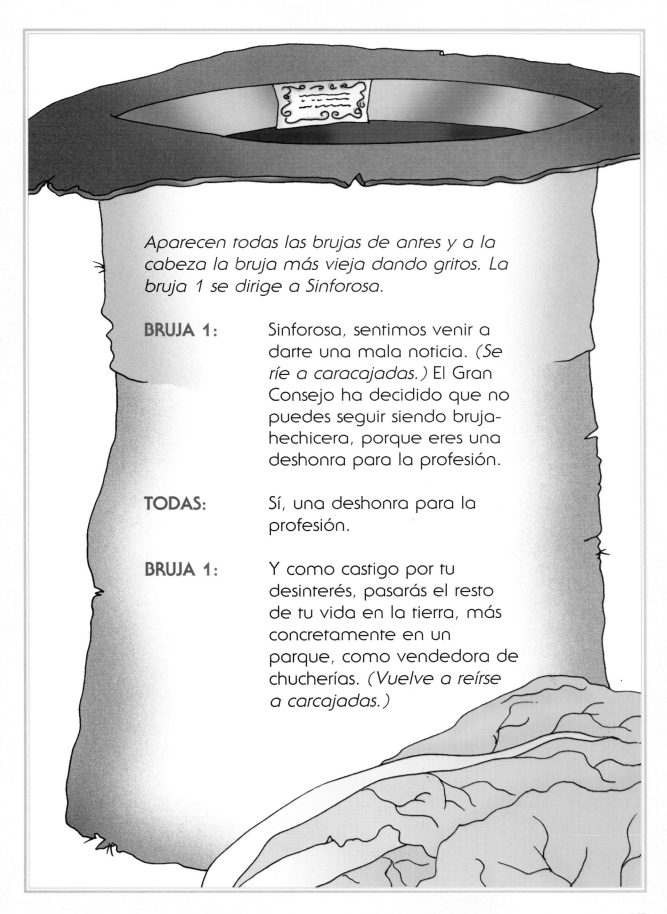

Aparecen todas las brujas de antes y a la cabeza la bruja más vieja dando gritos. La bruja 1 se dirige a Sinforosa.

BRUJA 1: Sinforosa, sentimos venir a darte una mala noticia. *(Se ríe a caracajadas.)* El Gran Consejo ha decidido que no puedes seguir siendo bruja-hechicera, porque eres una deshonra para la profesión.

TODAS: Sí, una deshonra para la profesión.

BRUJA 1: Y como castigo por tu desinterés, pasarás el resto de tu vida en la tierra, más concretamente en un parque, como vendedora de chucherías. *(Vuelve a reírse a carcajadas.)*

TODAS: No llores ni supliques, porque el castigo no te lo van a quitar. Estarás el resto de tu vida en el parque vendiendo chucherías. Y te puedes considerar ¡la bruja del año! ¡Ja, ja, ja!

SINFOROSA: *(Da un salto de alegría.)* ¡Yupiiii! ¡Qué alegría me habéis dado!

BRUJA 1: ¡Pobrecilla, debe de haberse trastornado con el disgusto! No hay tiempo que perder.

BRUJA 2: Y ahora, para que los maleficios de todas las brujas se rompan, tendrás que tomar el elixir mágico antibrujas que traemos preparado. Dice así: "Medio vaso de agua de lluvia, con una cucharada de aceite, un trébol, una pata de saltamontes viudo, un berberecho, un limón exprimido, un pelo rubio con tres nudos, ajo en polvo y azúcar a discreción. Agitar antes de usar". Ahora, cuando te lo bebas, mira arriba y grita: "¡Pugicama! ¡Pugicama!".

SINFOROSA: *(Se lo bebe y grita.)* ¡Pugicama! ¡Pugicama!

Sinforosa se queda adormecida sentada en medio del escenario, todas las brujas la rodean, se apagan las luces.

TODAS: Sapos, culebras y rabos de ratón.
Trasladad a Sinforosa al Parque de San Antón.
Lagartos, lechuzas y plumas de colibrí,
que hasta el fin de los tiempos, permanezca allí.

Se oye un trueno, se queda el escenario a oscuras, y se aprovecha para poner el puesto de chucherías a Sinforosa.

ACTO III

L ESCENARIO sigue a oscuras. Se vuelve a oír otro trueno, se encienden las luces y, en el centro, aparece Sinforosa, muy feliz y sonriente con su puesto de chucherías.

Se le acercan niños. El decorado son árboles de cartulina, o pintados sobre una sábana blanca. Pueden aparecer dos bancos al fondo, uno a cada lado del escenario, y en ellos, sentados, un abuelito leyendo el periódico, dos mamás hablando bajito, una señora y un cochecito de bebé.

NIÑOS: ¡Hola, Sinforosa! ¿Qué tal estás hoy?

SINFOROSA: ¡Feliz, como siempre amigos! ¿Qué queréis comprar? ¡Elegid lo que más os guste!

NIÑOS: ¡Gracias, Sinforosa, tú si que eres una bruja marchosa y cariñosa! ¡Hasta luego!

Los niños le dan un beso y se marchan a jugar. Se oye una voz que únicamente escucha Sinforosa, el resto de los personajes del escenario siguen hablando, leyendo... sin inmutarse.

NARRADOR: Sinforosa, Sinforosa, ¿eres feliz?

SINFOROSA: *(Mirando al cielo muy sonriente.)* ¡Hola, tatarabuelo. Sí, soy tremendamente feliz. Tenías razón. No debemos ponernos tristes cuando las cosas salen mal. Hay que buscar siempre caminos nuevos. Hay que buscar la felicidad. Recordad siempre, amigos, el consejo que os voy a dar:

> **Si las cosas salen mal,**
> **no te pongas a llorar.**
> **Siempre habrá cosas buenas**
> **que tú podrás alcanzar.**

Se baja el telón.

La Bella y la Bestia

PERSONAJES

PRÍNCIPE: Joven, guapo y elegante.

BELLA: Joven, guapa, vestida con sencillez. Cuando está en el castillo con Bestia se cambiará, debe ponerse un traje elegante, collares, pulseras, etc...

BESTIA: Es el príncipe con una careta de Bestia monstruosa, y un mono de color marrón que le cubra todo el cuerpo. Sus andares son torpes y desgarbados. Su voz es ronca y muy fuerte.

PADRE DE BELLA: Anciano, pelo blanco, vestido con ropas muy sencillas. Lleva una capa para guarecerse del frío.

ACTO I

*A*L ALZARSE *el telón la escena representa la casa donde viven Bella y su padre. Es una habitación sencilla con una mesa redonda en el centro, dos sillas, un sillón, unas flores, libros...*
Bella se pasea de un lado a otro y comenta:

BELLA: En esta casa vivimos mi padre y yo. A mí todo el mundo me llama Bella, aunque yo sé que no soy muy guapa, pero siempre procuro ser buena con todos. Por eso dicen en el pueblo que ese nombre me va bien.

Nosotros éramos ricos, teníamos muchos negocios que a mi padre le producían mucho dinero, pero ahora las cosas han cambiado y somos pobres. Menos mal que todavía tengo algunos libros, porque a mí me gusta mucho la lectura y cuando me quedo sola me distraigo con ellos. Yo soy feliz con todo lo que me rodea y tengo un padre que me quiere muchísimo. Él está preocupado porque no puede comprarme muchas cosas, pero a mí eso no me importa...

(De pronto se sienta y exclama preocupada.)

¡Qué extraño! ¡Es tardísimo, mi padre se fue de viaje y no ha llegado aún! ¿Le habrá pasado algo? Ya está anocheciendo y con lo peligroso que es atravesar el bosque... ¿Dónde estará? ¿dónde estará?

Bella permanece sentada con la cara oculta entre las manos y entristecida.
El escenario se va quedando poco a poco a oscuras. Se oye llover, un trueno y una voz en off.

NARRADOR: Bella no lo sabe ¡Pobrecilla! Esta noche cuando su padre regresaba a casa, le ha sorprendido la tormenta y ha ido a refugiarse de la lluvia y de los lobos en un castillo que ha encontrado en medio del bosque. En este castillo vive la Bestia, pero él lo ignora.

Se empieza a iluminar el escenario, aparece Bella sentada junto a la mesa camilla. Tiene la cabeza apoyada sobre la mesa. Se ha quedado dormida esperando a su padre. Se despierta extrañada al ver la luz del día. Se pone de pie rápidamente.

BELLA: ¡Me he quedado dormida! ¡Ya es de día y mi padre todavía no ha vuelto! Voy a salir en su busca. Le ha debido de suceder algo malo. ¡Pobrecito! (Y diciendo esto desaparece del escenario.)

ACTO II

*A*L LEVANTARSE *el telón, el decorado representa el jardín de la Bestia, con árboles de cartulina o pintados sobre corcho, flores, bancos, plantas... Al fondo, sobre una sábana, puede pintarse un castillo. En el escenario vemos al padre de Bella con una rosa en la mano.*

PADRE: ¡Oh, qué rosa tan maravillosa! Se la llevaré a Bella, seguro que le gustará.

El padre comienza a oler la flor, cuando de repente a su espalda se acerca la Bestia muy enfadada, ruge y le dice:

BESTIA: ¡Insensato! ¿Cómo se te ocurre cortar las flores de mi jardín? ¡Morirás ahora mismo!

PADRE: *(Aterrorizado, se pone de rodillas suplicante.)* ¡Perdón, señor! Solamente quería llevar una de estas hermosas flores a mi hija.

BESTIA: *(Enfurecido y gritando.)* ¡No me llames señor, llámame Bestia! Y si tienes una hija, ella puede morir en tu lugar si quieres. No hay otra alternativa. *(Y diciendo esto empuja al anciano.)*

En este mismo momento entra en escena Bella, que está buscando a su padre. Al verle en el suelo, se arrodilla junto a él y le abraza.

BELLA: ¡Padre! ¿Cómo estás? ¿Te encuentras bien? ¿Qué ha sucedido?

PADRE: Bella, no pierdas tiempo, esta Bestia te va a matar, este es un lugar muy peligroso.

BESTIA: ¿Y tú quién eres? *(Se acerca a Bella.)* ¿Qué haces aquí? ¡Responde!

BELLA: He venido a buscar a mi padre, pensando que se había perdido en el bosque.

BESTIA: Tu padre es mi prisionero, ha cortado mis hermosas flores y no puede marcharse.

BELLA: Está enfermo, deja libre a mi padre que yo me quedaré en su lugar.

PADRE: No, Bella, no. Yo ya he vivido mucho y tú eres muy joven para quedarte aquí. Vete a casa.

BESTIA: Yo acepto el cambio, puede quedarse la muchacha. *(Agarra al anciano por el brazo y le dice amenazador:)* ¡Vete antes de que me arrepienta y no te deje marchar! *(Sale el padre llorando y Bella cae de rodillas entristecida. La Bestia se acerca a ella y le dice amablemente).* Muchacha, parece que estás cansada, quizás tengas hambre.

BELLA: No quiero nada, no tengo apetito.

BESTIA: Quiero que sepas que estarás en mi castillo en calidad de invitada. Puedes comer siempre que quieras. Te enseñaré tu habitación. Puedes utilizar la biblioteca del castillo, los trajes y joyas que desees. ¡Sígueme ahora!

BELLA: *(Menos asustada.)* Gracias, haré lo que tú mandes.

Sale Bestia del escenario y detrás le sigue Bella. Suena una música suave mientras se escucha la voz del narrador.

NARRADOR: Las semanas pasaron y Bella y Bestia se conocieron y se hicieron muy buenos amigos. Bestia ya no era un ser malhumorado y duro. La dulzura de Bella le había cambiado. Les encantaba pasear por el jardín y charlar de muchas cosas.

Entran Bella y Bestia en el escenario hablando. Bestia va más arreglado y sonríe. Cesa la música.

BELLA: ¡Oh, mira qué preciosas son estas rosas!

BESTIA: Si, son bonitas, y antes me gustaban mucho, pero desde que te veo a ti ya no las miro, solo me gustas tú, creo que me estoy enamorando de ti.

BELLA: Gracias. *(Contesta tímidamente.)*

BESTIA: ¿Te doy miedo?

BELLA: ¿Por qué tendrías que darme miedo? ¿Por tu aspecto? No, qué va. Eres muy cariñoso y siempre seré tu amiga.

BESTIA: ¿Eres feliz aquí conmigo?

BELLA: Sí, mucho, pero echo de menos a mi padre. ¡Me gustaría tanto verle! *(Dice tristemente.)* ¿Me dejarás ir algun día a visitarle? Volvería pronto.

BESTIA: Sí, vete cuando quieras, él también te necesita. ¡Qué egoísta soy! Pero no te olvides de mí... Por favor, vuelve.

BELLA: ¡Gracias, muchas gracias! Dentro de una semana estaré aquí de vuelta, te lo prometo. Y ahora dame un abrazo. *(Se dan un abrazo y Bella se marcha. Bestia se queda muy triste).*

ACTO III

 A ESCENA *representa la casa de Bella. Su padre está sentado en un sillón con una manta sobre las piernas. Su aspecto es enfermizo. De pronto entra Bella, se acerca a él y le abraza.*

BELLA: ¡Padre, padre! ¡Qué alegría!

PADRE: ¡Hija mía! ¿Eres tú, Bella, o estoy soñando? ¡No puede ser verdad! Es que a veces he pensado que Bestia podría matarte.

BELLA: Aquí estoy, padre, no estás soñando. ¿Cómo te encuentras?

PADRE: Ahora al escucharte y verte me encuentro mejor, estás a mi lado y soy feliz. Pero tú ¿cómo has podido venir? ¿Te has escapado?

BELLA: No, padre, Bestia es muy bueno y cariñoso conmigo, ya somos amigos. Él me ha enviado aquí para verte, ayudarte y hacerte compañía.

PADRE: ¿No te va a matar?

BELLA: No, no te preocupes, me trata muy bien, y me ha dicho que me quede aquí hasta que te repongas y luego todo se arreglará.

NARRADOR: Bella pasó allí dos semanas cuidando a su padre, que estaba muy enfermo de tanto pensar que su hija podría morir por salvarle la vida. Cuando se recuperó, Bella volvió al castillo de nuevo, como había prometido.

ACTO IV

E L ESCENARIO *representa el jardín del castillo de la Bestia. Se ve a Bestia tumbado en el suelo muy débil. Entra Bella por el lado derecho del escenario. Al verle, corre hacia él y se arrodilla a su lado.*

BELLA: ¿Qué te pasa? ¿Estás herido? ¡Pobrecito! No sabes cuánto he pensado en ti. Lo comentaba con mi padre y él no acertaba a comprenderlo. Es que no te conoce bien.

BESTIA: *(Intentando reconocerla, abriendo un poco los ojos.)* ¿Quién eres?

BELLA: Soy Bella. Estoy aquí de nuevo contigo.

BESTIA: ¡Querida Bella, has vuelto! ¡Qué alegría! Estoy muy triste, quiero morir en tus brazos.

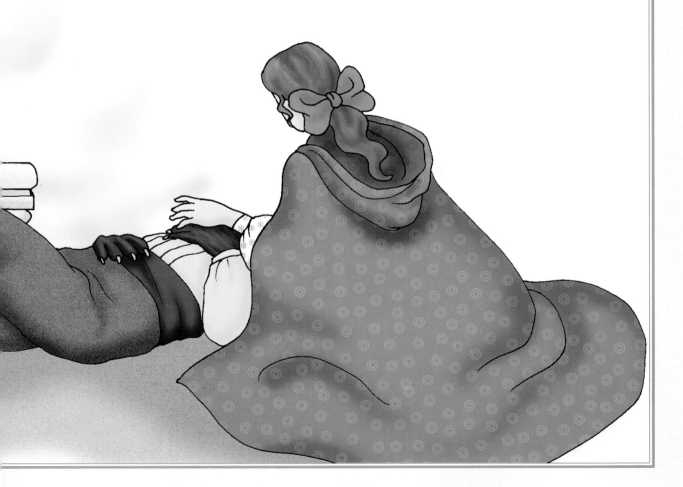

BELLA: No puedes morirte. Yo te necesito, te amo, me casaré contigo. *(Se echa sobre él llorando y le besa enternecida. Bella debe estar de espaldas al público, tapando la cabeza de Bestia para que pueda quitarse la careta sin ser visto por el público. Al terminar de pronunciar estas palabras, se oye un trueno, luces rojas y azules se cruzan en el escenario. Un foco ilumina a Bella y a la Bestia. Éste, convertido en Príncipe, se levanta. Todas las luces del escenario se accionan y se puede ver al Príncipe y a Bella de pie.)*

PRÍNCIPE: Bella, no te asustes, soy yo, Bestia. Tu amor me ha salvado. Soy un príncipe condenado a vivir con apariencia de monstruo hasta que una joven quisiera ser mi esposa. ¡Ahora soy feliz!

BELLA: Tu gran corazón ha hecho que me enamore de ti. Tu bondad te ha salvado. La verdadera belleza está en el corazón. *(Se abrazan cariñosamente.)*

Puede sonar la música de la película y comienzan a bailar Bella y el Príncipe. Se baja el telón.

Caperucita Roja

PERSONAJES

CAPERUCITA: Niña con trenzas rubias, vestida con una capa con caperuza roja.

LA ABUELITA: Pelo blanco, camisón, gorro de dormir y gafas. Usa bastón.

EL LOBO: Niño vestido con pantalón y jersey marrón. En la cara lleva una careta o un gorro tipo verdugo, marrón al que se le cosen unas orejas de lobo. La cara maquillada. (*Se venden disfraces de lobo muy conseguidos.*)

LOS LEÑADORES: Camisa de cuadros, pantalón de pana, hachas y una escopeta.

ACTO I

AL ALZARSE el telón la escena representa un bonito bosque con árboles, flores, mariposas, etc... Pueden estar pintados en el decorado del fondo. También se pueden colocar macetas y flores artificiales.

Caperucita entra en escena por la izquierda. Viste una caperuza roja y lleva una canastilla llena de cosas.

CAPERUCITA: Me llaman Caperucita porque a todos les gusta la hermosa caperuza que me regaló mi abuelita en el día de mi cumpleaños. Ninguna niña de estos lugares tiene una caperuza tan hermosa como la mía. *(Comienza a cantar y a recoger flores.)* Voy a visitar a mi abuelita, que está enferma y vive en el corazón del bosque, pero como yo sé que a ella le gustan mucho las flores, le llevaré un ramito y se pondrá muy contenta.

De pronto aparece el lobo por la derecha y saluda a Caperucita haciéndose el bueno.

LOBO: ¡Qué madrugadora! ¿Dónde va una niña tan guapa? ¿Cuál es tu nombre?

CAPERUCITA: *(Asustada, retrocede.)* ¡Oh, un lobo! Me llamo Caperucita.

LOBO: ¿Por qué te asustas? ¿Te doy miedo? Soy un buen amigo de los niños y me gusta jugar con ellos. ¿Quieres jugar conmigo?

CAPERUCITA: *(Más tranquila.)* ¿De veras? Sí que me gustaría tener un amigo lobo, pero ahora no puedo detenerme, tengo que ir a visitar a mi abuelita, está enferma y le llevo estas cositas para que se reponga.

LOBO: *(Oliendo la cestita.)* ¿Y vive lejos tu abuelita?

CAPERUCITA: Bastante lejos, al otro lado del molino, cerca de la aldea.

LOBO: ¡Qué casualidad! Precisamente yo voy al molino, donde tienen que darme unos panes. Vete tú por ese camino y yo iré por este otro, así veremos cuál de los dos llega el primero.

CAPERUCITA: Aceptado. *(Aparte.)* El suyo es el camino más largo. Le ganaré.

LOBO: Hasta luego. *(Aparte)* ¡Qué a gusto me la voy a comer!

CAPERUCITA: Adios, lobito.

LOBO: Adios, Caperucita.

Sale por la derecha. Caperucita se va por la izquierda.

ACTO II

A ESCENA *representa el dormitorio de la abuela de Caperucita. Hay una cama, un armario, una alfombra, una mesilla. La abuelita está acostada, lleva un camisón, un gorro de dormir y sus gafas. Llaman a la puerta: «¡Toc, toc!».*

ABUELA: *(Despertándose sobresaltada.)* ¿Quién anda ahí? ¿Quién llama?

LOBO: *(Cambiando la voz.)* Soy tu nieta, soy Caperucita Roja que viene a traerte un queso, un pastel y una jarrita de miel.

ABUELA: Pasa, Caperucita. Descorre el cerrojo y entra.

El lobo entra en escena.

LOBO: *(Con voz ronca)* No soy Caperucita, soy el lobo que se come a los niños y también te comeré a ti de un bocado.

ABUELA: ¡Socorro! ¡Auxilio! ¡Socorro!

La abuela, arrojándose del lecho aterrorizada, comienza a correr. El lobo la persigue, pero la abuela le da unos golpes con su bastón y, aprovechando que el lobo tropieza, se esconde en el armario. El lobo busca debajo de la cama, no la encuentra... Sólo ve el gorro que está por el suelo y se lo pone.

LOBO: No tengo tiempo que perder. ¡Me comeré a Caperucita! ¡Estará más tierna porque es muy jovencita! Me ocultaré entre las sábanas y Caperucita caerá en la trampa. Ea, que debe de estar cerca. (*Se ajusta bien el gorro y se mete en la cama cubriéndose bien con las mantas*).

Se oye llamar a la puerta: «Toc, toc».

LOBO: *(Imitando la voz de la abuela.)* ¿Quién es?

CAPERUCITA: *(Habla entre bastidores.)* Soy yo, Caperucita, que vengo a visitarte y traigo mi cestita con un queso, un pastel y una jarrita de miel.

LOBO: ¡Ah!, ¿eres tú? No te esperaba tan temprano. Descorre el cerrojo y entra.

Caperucita entra en escena.

CAPERUCITA: Muy buenos días, abuelita. ¿Cómo te encuentras?

LOBO: Ahora que tú estás aquí, me siento mucho mejor. ¡Qué alegría verte!

CAPERUCITA: ¿Tienes fiebre?

LOBO: No, ya no tengo fiebre, pero tengo que taparme mucho para no resfriarme.

CAPERUCITA: Tienes una voz muy ronca, has debido acatarrarte.

LOBO: Anda, deja la cestita y acércate, quiero sentirte a mi lado.

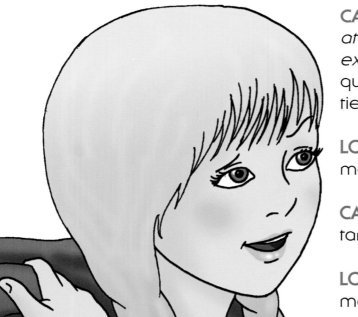

CAPERUCITA: *(Mirando atentamente al lobo, muy extrañada.)* Oye abuelita, qué orejas tan grandes tienes...

LOBO: Son para oírte mejor, mi niña.

CAPERUCITA: ¡Qué ojos tan grandes tienes!...

LOBO: Son para verte mejor.

CAPERUCITA: ¡Abuelita, qué nariz tan grande tienes!...

LOBO: *(Moviéndose bajo las sábanas y cada vez más nervioso, va subiendo el tono de voz.)* Es para olerte mejor.

CAPERUCITA: ¡Abuelita, abuelita, qué boca tan grande tienes!...

LOBO: ¡Para comerte mejor! *(Salta de la cama echándose hacia ella.)* ¡Es para comerte mejor!

Caperucita comienza a correr y gritar.

CAPERUCITA: ¡Auxilio! ¡Socorro! ¿Quién me puede ayudar? ¡Que me quiere comer el lobo!

De pronto entran en escena dos leñadores con sus hachas. Uno lleva una escopeta, dispara y hiere al lobo; asustado, se deja caer al suelo.

LEÑADOR 1: ¿Qué hacía aquí este lobo? ¡Casi se come a Caperucita! Pobre niña, debes de estar muy nerviosa. Pero ¿dónde está tu abuelita?

CAPERUCITA: ¡Abuelita, abuelita! ¿Dónde estás?

ABUELA: Estoy aquí, dentro del armario, he pasado tanto miedo que no me atrevía a salir.
¡Pobrecita, mi niña Caperucita, qué susto te habrás dado!

Caperucita abre el armario y sale la abuelita con su bastón acercándose al lobo para golpearle.

LOBO: Me iré al bosque y seré bueno, no me golpeen más.
(Todos ríen.)

LEÑADOR 2: Levanta y ven con nosotros, que se te van a quitar las ganas de atacar a las niñas y a las abuelas indefensas. *(Le ata las "manos" al lobo.)*

LOBO: *(Tocándose el chichón que le ha hecho la abuela.)* ¡Caramba con las indefensas!

LEÑADOR 1: No se preocupen. Este lobo no volverá a hacer más de las suyas.

CAPERUCITA: Si no llegan a venir ustedes no sé qué hubiera pasado. ¡Muchas gracias por su ayuda! Están invitados a merendar *(Se acerca a ellos y los abraza.)*

Se cierra el telón.

El traje nuevo del emperador

PERSONAJES

EL EMPERADOR

EL SECRETARIO

EL HOMBRE DE CONFIANZA
DEL SECRETARIO

TEJEDORES 1 Y 2

CORTESANOS Y CORTESANAS

HOMBRES, MUJERES Y NIÑOS
DEL PUEBLO

PAJES

ACTO I

*A*L LEVANTARSE *el telón la escena representa el salón del trono, de un palacio. En el centro se encuentra sentado el emperador en el trono, sobre una tarima. A derecha e izquierda del escenario hay numerosos cortesanos y cortesanas. A la izquierda del emperador está su secretario con un pergamino en la mano.*

EMPERADOR: *(Bostezando y tapándose la boca con la mano, con cara de aburrido.)* A ver *(dirigiéndose a su secretario)*, dime qué visitas tengo hoy...

SECRETARIO: *(Abriendo el pergamino, comienza a leer.)* Sí, majestad. Están esperando que les reciba: un mandatario del país vecino, para resolver el problema de la sequía; *(El emperador pone cara de pereza y dice que no con la cabeza. El secretario continúa.)* El conde Llamas trae un plan de mejoras para la ganadería...

EMPERADOR: Nada, nada interesante. ¡Sigue!

SECRETARIO: Han venido a cobrar los veinte pares de zapatos que encargó y los seis sombreros con pluma de avestruz.

EMPERADOR: ¡Ah, sí! *(Iluminándosele la cara, hablando con ilusión)* ¡Qué preciosidades de zapatos, a cuál mas bonito! Y los sombreros... ¡Qué sombreros tan maravillosos! ¡No hay ni uno que me siente mal! ¡Claro, que con mi elegancia natural...! Todo lo que me pongo me sienta bien ¿verdad?

CORTESANOS Y CORTESANAS:	*(A coro.)* Sí, majestad.
EMPERADOR:	Paga lo estipulado a esos hombres. Se lo han ganado dignamente. ¡Prosigue!
SECRETARIO:	Ha venido el jefe de vuestros ejércitos para pedir honores para tres soldados que han actuado como verdaderos héroes en el campo de batalla.
EMPERADOR:	*(Vuelve a poner cara de aburrimiento.)* ¡Sigue, sigue! ¿No hay nada más importante? Si no, me iré a elegir unos broches nuevos para mis pañuelos.

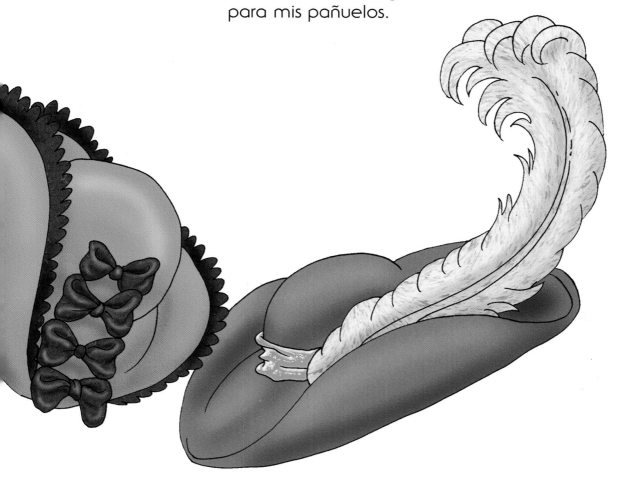

SECRETARIO: Por último, han venido unos tejedores de un país lejano que dicen poseer el secreto para realizar una tela muy especial, única en el mundo.

EMPERADOR: Pero... ¿Cómo no me lo has dicho antes? *(Muy entusiasmado.)* ¡Vamos, rápido! ¡Hazlos pasar!

Entran los tejedores en el salón del trono, hacen una reverencia al emperador.

EMPERADOR: Mi secretario me ha dicho que sois capaces de tejer una tela única en el mundo. ¿Es eso verdad?

TEJEDOR: Sí, majestad. Es única por su belleza inigualable, pero lo más importante es que el traje hecho con este material tiene la virtud de ser invisible para todos aquellos que son idiotas y no merecen el cargo que ocupan.

CORTESANOS
Y CORTESANAS: ¡Ooooooohhhhhh! *(Exclaman con gran asombro y preocupación.)*

EMPERADOR: ¡Eso es maravilloso!
Si yo llevase ese traje descubriría a los hombres y mujeres del imperio que son indignos de su cargo y además podría distinguir claramente entre los inteligentes y los tontos. ¡Decidido!
Quiero que me hagan al momento un vestido con esa maravillosa tela.

EMPERADOR: *(Dirigiéndose al secretario.)* Entrégales cinco bolsas de oro a los tejedores, instálalos en palacio y que se pongan a trabajar inmediatamente. Quiero que el traje esté acabado para el día del gran desfile.

SECRETARIO: Sí, majestad. *(Y diciendo esto sale del salón del trono acompañado por los dos tejedores que, antes de abandonar el recinto, hacen una solemne reverencia al emperador.)*

Se oye una música palaciega, mientras que hombres y mujeres cuchichean discretamente al oído.

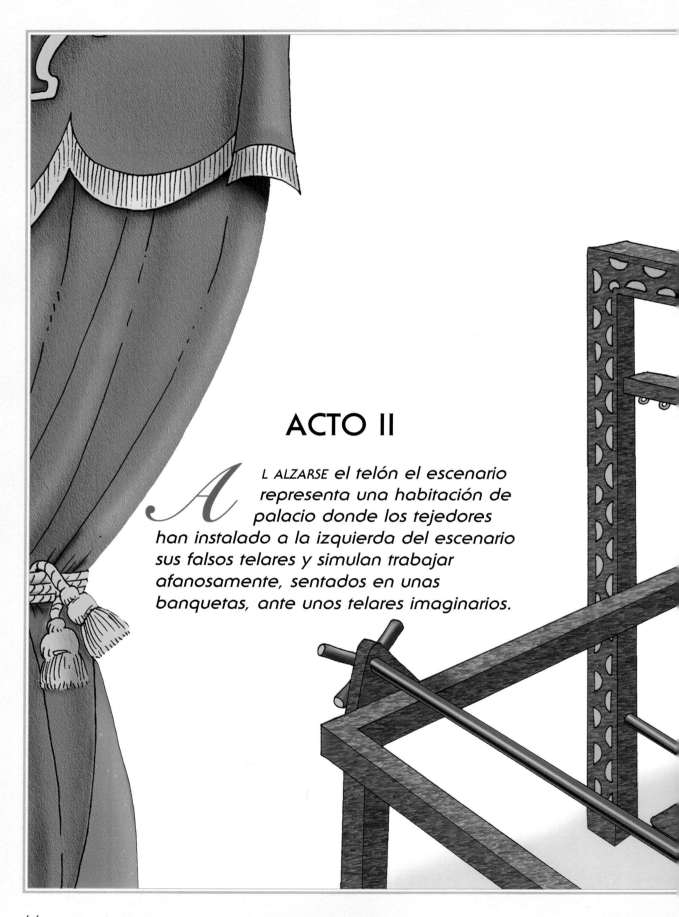

ACTO II

$\mathscr{A}$ L ALZARSE *el telón el escenario representa una habitación de palacio donde los tejedores han instalado a la izquierda del escenario sus falsos telares y simulan trabajar afanosamente, sentados en unas banquetas, ante unos telares imaginarios.*

TEJEDOR 1: ¡Compadre! Este emperador es más tonto de lo que habíamos oído decir. Se lo ha tragado todo. ¡Ja, ja, ja! Vamos a llenar nuestros bolsillos de oro a su costa, y de telas… ¡nada!

TEJEDOR 2: Sí, de ésta salimos ricos. No volveremos a pasar penalidades, ni tendremos necesidad de ir estafando de pueblo en pueblo a pobres gentes y a algún noble que otro.

TEJEDOR 1: Me encanta el sonido del oro. *(Agitando una de las bolsas que les ha dado el emperador.)* Es la música más maravillosa del mundo. Alegra mi cuerpo y le hace danzar a su ritmo. *(Se levanta de la banqueta en la que estaba sentado y comienza a danzar por toda la estancia.)*

TEJEDOR 2: ¡Eh, cuidado! Se oyen pasos. ¡Siéntate y simula trabajar!

Entra en escena el secretario, por el lateral derecho.

SECRETARIO: ¡Buenos días! Me envía el emperador para
                    preguntarles cómo va la tela de su traje. Está
                    ansioso por verla. No olviden que solamente
                    quedan cuatro días para el Gran Desfile
                    Anual y su majestad desea estrenarlo ese día
                    ante todo el pueblo.

TEJEDOR 1:   ¡Muy buenos días, ilustre señor secretario!
                    ¡Pase, pase! Usted mismo podrá comprobar
                    qué increíble tela estamos tejiendo. Mire qué
                    colores tan exquisitos y qué bordados tan
                    maravillosos.

*Los tejedores simulan tener entre sus manos la preciada tela. Se
acerca el secretario y, al no verla, pone ojos de asombro y se
aparta de su lado. Mirando al público, expresa sus
pensamientos.*

SECRETARIO: ¡Dios mío! Pe... pe, pero si no veo nada.
                    ¿Cómo es posible que sea tan estúpido?
                    ¡Jamás lo habría pensado! O, tal vez sea
                    indigno de mi cargo. No, decididamente no.
                    No confesaré que no veo la tela.

El secretario se acerca a los falsos tejedores y...

TEJEDOR 2:   ¿Qué le parece, señor secretario? Usted que
                    conoce los gustos del emperador, ¿cree que
                    estos colores serán de su agrado?

SECRETARIO: ¡Oh! Realmente es magnífica. ¡Qué modelo,
                    qué colores! Al emperador le encantará.
                    Ahora mismo iré a decirle que estoy muy
                    satisfecho de su trabajo.

TEJEDOR 1: ¡Muchísimas gracias, señor secretario! De paso que va a contarle al emperador las maravillas de la tela, ¿podría pedirle más oro? Necesitamos más hilo de oro y fina seda...

SECRETARIO: No se preocupen. Hablaré con el emperador y les enviaré con mi hombre de confianza las bolsas de oro para que puedan continuar su magnífica labor.

TEJEDOR 2: ¡Ah! y comente al emperador que esté tranquilo, que nosotros no dormiremos durante estas tres noches, pero el viernes, a las ocho de la mañana, tendrá acabado su traje y podrá lucirlo al día siguiente en el desfile.

SECRETARIO: Transmitiré al emperador estas gratas noticias que le pondrán muy alegre. ¡Adiós, señores!

Los tejedores le hacen una gran reverencia y cuando el secretario sale del escenario, estallan en carcajadas.

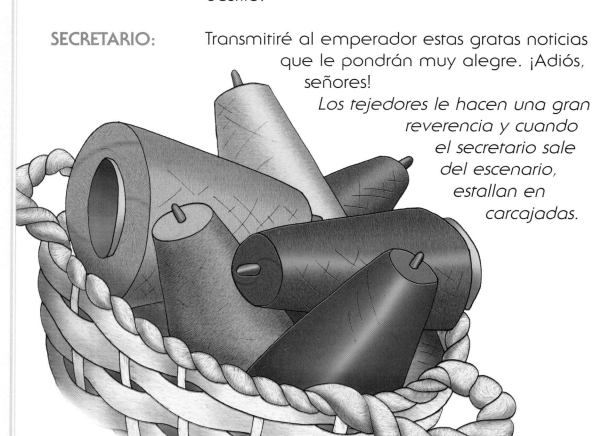

TEJEDOR 2: Sí, el emperador es un presuntuoso y un necio, pero está rodeado de gente cobarde y embustera.

TEJEDOR 1: *(Imitando al secretario.)* ¡Oh! ¡Realmente es magnífica! ¡Qué modelos, qué colores!

TEJEDOR 2: ¡Ja, ja, ja! ¡Esto es pan comido! Si el secretario del emperador, hombre de gran prestigio y dignidad, dice que ve la tela, nadie se atreverá a confesar lo contrario.

TEJEDOR 1: Bueno, continuemos nuestra labor. No sea que venga alguien, nos descubran y nuestro plan se venga abajo.

Los tejedores simulan trabajar en el telar, y se secan el sudor con un pañuelo, como muestra de su agotamiento por su excesivo trabajo. Entra el enviado del secretario del emperador por el lado derecho del escenario y muestra gran asombro, abre los ojos como platos, se frota los ojos varias veces y exclama algo nervioso.

HOMBRE DE CONFIANZA DEL SECRETARIO DEL EMPERADOR:

Buenas tardes, honorables tejedores. Les traigo unas bolsas de oro. Toda una fortuna. El emperador, al escuchar de boca del secretario las maravillas de la tela que estáis haciendo, se ha sentido generoso y ha querido recompensar todos vuestros esfuerzos y desvelos.

TEJEDOR 1: ¡Oh, qué gran hombre es el emperador! y ¡qué generoso! No era necesario tanto oro. Pero si es su deseo recompensar nuestra dedicación sin límites, no seremos nosotros quienes lo rechacemos.

TEJEDOR 2: Pero, acercaos, por favor. También vos querréis apreciar la tela y así podréis darnos vuestra opinión.

HOMBRE DE CONFIANZA DEL SECRETARIO DEL EMPERADOR:
¡Desde luego! Agradezco el honor de permitirme verla. *(Según avanza desde el lado izquierdo del escenario, al llegar al centro, mirando al público, expresa sus pensamientos:)* «¿Y qué les digo yo a estos hombres? No veo nada de nada. ¡Qué disgusto tan grande! Yo me considero inteligente y honrado, pero a lo mejor no merezco el cargo que ocupo. Desde luego, no estoy dispuesto a perderlo de ninguna de las maneras. Así que… ¡a disimular!»

El hombre de confianza del secretario del emperador se acerca a los tejedores.

TEJEDOR 1: ¿Es de su agrado esta gama de tonos azules?

HOMBRE DE CONFIANZA DEL SECRETARIO DEL EMPERADOR:
¡Más que de mi agrado, será del agrado del mismo emperador! ¡Es digna de todo un rey! ¡No he visto nunca nada igual! ¡Será el desfile anual más soberbio de todos los tiempos!

TEJEDOR 2: No lo dudéis. De eso podéis estar seguro. Este desfile no se olvidará jamás.

TEJEDOR 1: Lástima que nosotros no podamos presenciarlo. Debemos estar ese día en otro reino, lejos de aquí, porque el monarca nos espera con impaciencia. El deber es el deber.

HOMBRE DE CONFIANZA DEL SECRETARIO DEL EMPERADOR:
¡Oh, qué vida la vuestra! ¡Siempre viajando y trabajando de día y de noche! Ahora me marcho. El emperador espera impaciente mis noticias.

TEJEDORES: *(Haciendo una reverencia.)* ¡Adiós, buenas tardes!

ACTO III

AL LEVANTARSE *el telón aparece el emperador en el salón del trono, andando de un lado a otro del escenario con impaciencia. Está solo y habla en voz alta.*

EMPERADOR: Estoy impaciente por ponerme mi traje nuevo. Oigo voces, serán ellos.

El emperador se sienta en el trono, situado en el centro. Entra el secretario.

SECRETARIO: El traje está terminado. Vienen los tejedores con él.

EMPERADOR: ¡Déjate de ceremonias! ¡Vamos, estoy impaciente, hazles pasar!

El secretario hace una reverencia y da paso a los tejedores, que entran en escena como si llevaran uno la chaqueta y el otro los pantalones con sumo cuidado. El emperador, que se

había puesto en pie, al verlos,
queda horrorizado y se sienta
desolado, incluso llega a marearse.
El secretario se acerca a él para
atenderle.

SECRETARIO: Majestad, ¿os encontráis
               mal? ¿Qué os ocurre?

El secretario le da aire, el emperador
vuelve en sí.

EMPERADOR: ¡Ay! Ya estoy mejor.
               No sé lo que me
               ha sucedido.
               (Mirando al
               público y
               hablando
               bajito.) ¡Es
               que no veo
               nada!

TEJEDOR 1:   Majestad esta es la casaca ¿Os agrada?

El emperador, abriendo más y más los ojos, como queriendo ver lo que no hay, se seca con un pañuelo el sudor de la frente y responde.

EMPERADOR: Es impresionante. ¡Qué colores! No tengo palabras para expresar mi asombro.

TEJEDOR 2:   Aquí están los pantalones.

El emperador mira y mira pero no ve nada, aunque simula que está viendo los pantalones.

EMPERADOR: ¡Oh, qué elegantes! Son los pantalones más bonitos que jamás he visto.

TEJEDOR 2:   Si su majestad lo desea, puede ponerse el traje ahora mismo.

EMPERADOR: Lo estoy deseando.

El rey se quita la casaca y el pantalón que lleva, quedándose en ropa interior. Los tejedores le ayudan a ponerse el falso traje. El emperador se deja hacer. Él no ve el traje, pero no quiere reconocerlo.

TEJEDOR 1:   Majestad, meta el brazo derecho por la casaca *(El tejedor simula sujetar la casaca).* ¡Muy bien! Ahora el izquierdo ¡fenomenal! Ahora le abrocharé los botones de perlas y diamantes *(El tejedor simula abrocharle los botones inexistentes.)* ¡Oooohhhh! ¡Cómo le sienta! ¡Le queda magníficamente. ¿Se encuentra cómodo?

EMPERADOR: ¡Oh, sí, sí, desde luego! Tan cómodo que parece que no llevo nada... ¡Ja, ja, ja!

Los tejedores y el secretario ríen a la vez la broma del monarca.

TEJEDOR 2:   Ahora, si me lo permite su majestad, le ayudaré a ponerse los pantalones.

EMPERADOR: ¡Encantado!

El falso tejedor ayuda a poner unos pantalones inexistentes.

TEJEDOR 2: Majestad, ¿podría meter por aquí su pierna izquierda? *(El rey hace lo que le piden).* ¡Estupendo! Ahora la derecha. Bien, ahora, abrocharemos los botones y ya está. ¡Qué maravilla! ¡Le sientan fantásticamente!

EMPERADOR: Que me traigan un espejo, quiero verme. *(Vienen dos sirvientes con el gran espejo, el rey se mira de frente, de un lado y del otro.)* ¡Majestuoso! tengo que felicitaros *(dirigiéndose a los tejedores)* por el trabajo que habéis realizado. *(Se acerca al secretario y le pregunta:)* ¿No es verdad?

SECRETARIO: ¡Efectivamente, majestad, digno de vuestra elegancia y buen gusto!

EMPERADOR: *(Dirigiéndose a los tejedores.)* Siento que no podáis quedaros al desfile, pero sé que os reclaman en otros lugares lejanos. Tomad esta otra bolsa de doblones de oro como prueba de mi agradecimiento.

Los tejedores cogen la bolsa y, haciendo una reverencia, se marchan.

EMPERADOR: *(Dirigiéndose al secretario.)* ¿Cómo están los preparativos?

SECRETARIO: Todo está listo, majestad. El pueblo entero espera hace días, ansioso, el Gran Desfile. Desean ver a su majestad con el traje nuevo.

EMPERADOR: ¡Estupendo! Me ancanta ser el monarca de un pueblo entusiasta.

ACTO IV

A *L ALZARSE el telón, la escena representa las calles del pueblo, llenas de súbditos esperando el paso del emperador.*
Hay mujeres, hombres y niños. Los niños están en primera fila. Se oyen trompetas de fondo, todos miran hacia el lado derecho del escenario, que es por donde va a entrar el emperador acompañado por el séquito. Mientras que el emperador llega, ellos comentan.

MUJER 1:	Dicen que el traje del emperador es de una seda muy fina, con bordados y botones de perlas y diamantes.
MUJER 2:	¿Ah, sí?
MUJER 1:	Sí, y además tiene propiedades especiales.
HOMBRE 1:	¡Eso lo sabe todo el mundo! ¡No se habla en el pueblo de otra cosa en estos días!
HOMBRE 2:	Sí, sobre los bordados, las perlas y los colores corren rumores diferentes, pero sobre las propiedades del traje… ¡todos lo tienen muy claro!
MUJERES 1 Y 2 Y HOMBRES 1 Y 2:	*(A coro.)* Los estúpidos y los que no merezcan su cargo, no lo podrán ver.
HOMBRE 1:	¡Eh, callaos! Se acerca la comitiva.

*Todos se callan y abren los ojos con asombro porque ninguno
ve el traje. Aparecen primero dos pajes con trompetas,
ataviados de color rojo. Tras ellos, el emperador anda
solemnemente en ropa interior y saluda con la mano a las
gentes, que le miran asombrados porque no ven el traje, pero
callan para no ser considerados estúpidos. Aplauden al pasar y
hacen elogios sobre el mismo.*

MUJER 1:   ¡Qué maravilla! ¡Qué bordados!

HOMBRE 2:   ¡Sensacional! ¡Realmente sensacional!

MUJER 2:   ¡Larga vida al emperador!

NIÑA: *(Gritando.)* ¿Por qué va el emperador sin
traje? *(Se hace un silencio y se vuelve a oír a
la niña preguntar:)* ¿Por qué va el emperador
sin traje?

HOMBRE 4:   ¿Oís lo que dice esta niña?

HOMBRE 3:   Se dice que los niños siempre dicen la verdad.

NIÑO: Sí, ¿por qué el emperador va sin vestir? ¡Está en calzoncillos!

MUJER 3:   ¡No lleva nada...! ¡Unos niños dicen que no lleva ningún traje!

Se oyen voces que gritan, cada vez más: «¡Va desnudo! ¡va desnudo!» El emperador deja de saludar y se marcha, dándose cuenta del engaño, avergonzado por ir en ropa interior, encolerizado y gritando:

EMPERADOR: ¡Que suspendan el desfile y que arresten a esos sinvergüenzas!

El bello durmiente
o el mundo al revés

PERSONAJES

EL JUGLAR

EL REY

LA REINA

LAS TRES HIJAS DE LOS REYES: En la primera escena aparecen tres niñas y después, en la escena del día del cumpleaños del príncipe Ricardo, son tres jóvenes encantadoras.

EL PRÍNCIPE RICARDO: Siendo recién nacido, puede ser representado por un muñeco dentro de una cuna.

MAGOS 1, 2, 3, 4, 5 Y 6: Van vestidos con túnicas de variados colores, con estrellas y lunas de cartulina, cosidas sobre la túnica. En la cabeza llevan gorros, como el de "Merlín, el encantador", del mismo color que la túnica, adornado con el motivo elegido para la túnica: estrellas, soles, lunas, cuadrados...

MAGO PERVERSO: Lleva túnica y gorro negros, la cara maquillada como la de los indios en guerra. Los adornos que lleva en el traje son de cartulina y en forma de calaveras.

PRINCESA TAIDA: Joven, guapa y elegante.

CORTESANOS

ACTO I

*A*L ALZARSE *el telón, el escenario representa la sala del trono de un palacio en la que se ve al rey, la reina, una cuna con un bebé, tres niñas y seis magos. En el lateral izquierdo, en primer plano, aparece un juglar, con una mandolina o una lira refiriendo la historia, mientras los demás personajes permanecen inmóviles.*

JUGLAR:

Queridos amigos, la obra que vamos a presenciar ahora es la historia de "El Bello Durmiente o el mundo al revés", quién sabe por qué. Los reyes de este lugar tenían tres lindas hijas y deseaban ardientemente el nacimiento de un hijo, que sería el príncipe heredero. Después de muchas plegarias, su deseo se vio cumplido. Los reyes, muy orgullosos de su hijo, mandaron una invitación a los magos del reino para que éstos le colmaran de buenos deseos. Pero cometieron un fallo. Olvidaron invitar al mago Perverso, que al enterarse se personó en palacio y... ¡Bueno, más vale que lo veáis vosotros personalmente! ¿No os parece? Pues... ¡observad, observad con atención!

REY: Os he hecho llamar a vosotros, magos de mi reino, para presentaros a mi cuarto hijo y futuro rey, el príncipe Ricardo.

MAGO 1: *(Se acerca a la cuna.)* Será valiente y protegerá a sus súbditos.

MAGO 2: *(Se acerca a la cuna.)* Será justo y honesto.

MAGO 3: *(Se acerca a la cuna.)* Será afectuoso y amable.

MAGO 4: *(Se acerca a la cuna.)* Será inteligente e ingenioso.

MAGO 5: *(Se acerca a la cuna.)* Será guapo y elegante. *Se oye el estrépito de un trueno y aparece un mago vestido de negro, con la cara pintada de colores oscuros, gritando.*

MAGO PERVERSO: *(Con voz autoritaria.)* ¿Qué pasa queridas majestades, que no pensabais presentarme al príncipe heredero? ¡No, no digáis nada! Este desprecio no os lo perdonaré jamás y además vais a pagarlo caro. Ahora diré yo mi deseo: Cuando cumpla dieciocho años, se le caerá un tomo grande de una enciclopedia en la cabeza y morirá.

REINA: ¡Oh, no! ¡No puede ser cierto! Hay que hacer algo.

Se marcha el mago Perverso, riendo a carcajadas.

MAGO 6: No os preocupéis, majestades. Yo no he pronunciado mi deseo aún. El príncipe no morirá, sino que dormirá cien años, al igual que sus padres, hermanas y los súbditos de su reino. El hechizo se romperá cuando sea besado por una bella princesa.

REY: Que desaparezcan todas las enciclopedias y libros de mi reino. ¡Quemadlas!

VASALLO: Pero, majestad. La incultura traerá la miseria al reino. Las gentes serán analfabetas, no sabrán leer el nombre de las calles, no…

REY:	¡No hay "peros" que valgan! He dicho que se destruyan todos los libros y se destruirán, no sólo los de palacio sino los de todos los hogares del país. ¡La vida del príncipe es más valiosa que todos los libros del mundo entero!
UNA DE LAS PRINCESAS:	Papá, ¿me podré quedar con el libro de cuentos que me regalaste por mi cumpleaños?
REY:	¡Ni hablar! ¡Ni un sólo libro habrá en mi reino! *(Todos ponen cara de tristeza)* Mandaré venir a mi corte a los sabios de los más lejanos lugares para que enseñen de viva voz, como los juglares, todas las enseñanzas que hay en los libros. ¿Entendido?
TODOS:	¡Sí, majestad!

ACTO II

*A*PARECE *el juglar en escena en el lateral izquierdo, un foco le alumbra, el resto del escenario queda a oscuras mientras él habla.*

JUGLAR:

¡Pues sí, amigos! Tal como el rey lo mandó así se hizo. En poco tiempo no existía ni un solo libro, ni gordo ni flaco, en todo el reino. Los sabios enseñaban a las gentes. La historia era contada por ellos. Los niños tenían que estar muy atentos en las clases, porque si se distraían y dejaban de escuchar a su maestro, no lo verían escrito en ningún sitio. Al principio parecía raro, pero muy pronto se acostumbraron y todos vivían felices.

¡Ah, ya sé! Queréis saber qué sucedió con el príncipe Ricardo, ¿verdad? No os impacientéis... Pasaron los años y el príncipe se convirtió en un apuesto y elegante joven. *(Se encienden las luces del escenario y aparece el* príncipe con sus hermanas y otros jóvenes aristócratas hablando y riendo animadamente.)

También era valeroso, justo y amable, como desearon los buenos magos el día de su nacimiento.

Vuelve a quedarse el escenario a oscuras excepto el foco que alumbra al juglar. Se aprovecha la oscuridad para abandonar el escenario y preparar la siguiente escena, en la que se ve al mago Perverso en una habitación, sentado en un sillón leyendo. Al fondo hay una estantería con una enciclopedia.

JUGLAR: Todos parecían haber olvidado el fatal deseo del mago Perverso. Hoy, precisamente hoy, era el cumpleaños del príncipe. Todo el reino andaba de preparativos para la gran fiesta y el gran baile de su mayoría de edad. ¡Cumplía dieciocho años! El príncipe paseando por el jardín, encontró una pequeña puerta abierta y entró a curiosear. Bueno, mejor será que veáis vosotros lo que ocurrió.

Se ilumina el escenario y se ve la habitación con el mago Perverso y el joven príncipe.

PRÍNCIPE RICARDO: ¡Buenos días, anciano! ¿Qué hacéis aquí? No sabía que existiera este rincón secreto.

MAGO PERVERSO: Buenos días, joven príncipe. Hay muchas cosas que desconocéis. Hoy es vuestro cumpleaños, ¿verdad?

PRÍNCIPE RICARDO: ¡Así es! ¡Esta tarde, mi padre el rey dará un gran baile en mi honor! ¡Si os apetece venir, estáis invitado!

MAGO PERVERSO: *(Habla al público.)* ¡Vaya, parece que el joven príncipe es más delicado conmigo de lo que lo fueron hace tiempo sus padres! Pero hoy es el día señalado, el día de mi venganza.

PRÍNCIPE RICARDO: ¿Decíais algo? Me ha parecido oíros hablar.

MAGO PERVERSO: ¡Nada, nada, alteza! ¡Son los años, que ya mi cabeza desvaría y… hablo solo!

PRÍNCIPE RICARDO: ¡Ah, está bien! pero deberíais cuidaros. ¡Oh, qué objetos tan raros tenéis aquí! ¡Jamás he visto cosa igual! ¿Qué son?

MAGO PERVERSO: Son libros.

PRÍNCIPE RICARDO: ¿Libros? ¡Qué palabra tan rara! ¿Me podéis explicar para qué sirven?

MAGO PERVERSO: ¡Con muchísimo gusto! ¡Venid, acercaos!

El príncipe se acerca al mago, éste le cede su sillón. El mago se sienta en una silla junto a él y le muestra un libro de lindas imágenes.

PRÍNCIPE RICARDO: ¡Oh, es maravilloso! ¿De qué país los habéis traído? Le diré a mi padre, el rey, que me los consiga.

MAGO PERVERSO: Os gustan, ¿verdad? Pues aquí tengo uno más maravilloso. Por favor majestad, ¿podéis venir a sujetarme la silla, mientras yo lo alcanzo?

PRÍNCIPE RICARDO: ¡Lo haré con mucho gusto! Si lo preferís me subiré yo en la silla y lo tomaré yo mismo.

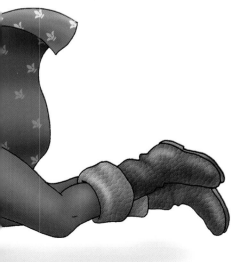

MAGO PERVERSO: Por Dios, majestad. No lo puedo consentir. No me lo perdonaría nunca. *(Y diciendo esto se sube a la silla el mago Perverso, el príncipe se pone debajo sujetando la silla, y en ese momento el mago deja caer un tomo de una gran inciclopedia sobre su cabeza. El príncipe cae muerto al suelo.)* ¡Ja, ja, ja! Mi profecía se ha cumplido.

ACTO III

AL ALZARSE el telón, aparece el escenario a oscuras y en el centro se encuentra el juglar, que está iluminado por un potente foco.

JUGLAR:

En efecto, la profecía del mago Perverso se cumplió, pero también el deseo del último mago bueno. Por lo que el príncipe no murió, sino que quedó sumido en un profundo sueño junto a su familia y su corte, durante cien años. Pasaron tantos años, que los reinos vecinos llegaron a olvidar que aquel lugar había existido.

Un día, una princesa muy bella, a quien le encantaba pasear y descubrir parajes nuevos, iba paseando por el bosque, se perdió y apareció en las puertas del castillo. Como no era miedosa, abrió sus puertas y recorrió todo el palacio. No podía comprender cómo había tanta gente dormida allí. Yendo de habitación en habitación, llegó a la del príncipe Ricardo y al verlo tan guapo se acercó y... ¡bueno, de nuevo, casi lo cuento yo! ¡Mejor será que lo veáis vosotros! ¡Mirad, mirad!

Y diciendo esto, se apaga el foco que ilumina al juglar y se enciende el escenario en el que aparece la habitación del príncipe. Se encuentra dormido en su cama y la princesa de pie junto a él. La habitación se puede decorar con un escritorio, un sillón, una mesita de noche, algún cuadro...

PRINCESA TAIDA: ¡Oh, qué guapo es! ¿Quién será? ¡Parece un príncipe! (*Le da un beso en la frente. En ese momento el príncipe despierta.*)

PRÍNCIPE RICARDO: ¡Tú sí que eres bella! ¿Cómo te llamas?

PRINCESA TAIDA: ¡Oh, me habéis oído! Soy la princesa Taida ¿y vos?

PRÍNCIPE RICARDO: Soy el príncipe Ricardo, heredero de este reino. (*Se levanta de la cama, coge la mano de la princesa y se la besa. La princesa le sonríe dulcemente.*) ¿Salimos a dar un paseo?

PRINCESA TAIDA: Sí, me gustaría muchísimo, así nos iremos conociendo.

Se apaga el escenario, vuelve a encenderse el foco del juglar.

JUGLAR: ¡Qué romántico! ¿verdad? Bueno, pues así fue como el Bello Durmiente, es decir, el príncipe Ricardo y la princesa Taida se conocieron y se enamoraron. Al despertar el príncipe Ricardo, despertó también toda su corte, estuvieron muy felices de celebrar la boda al poco tiempo, y por supuesto fueron felices y comieron perdices.

(El juglar va abandonando el escenario. Se oye una marcha nupcial y campanas.)
¡Ah, esa música que oís es la de la boda de los príncipes! ¿Qué pasa, que queréis ver lo guapos que estaban? ¡Bueno, está bien! ¡Os lo mostraré por un agujerito!, pero después de esto sí que "colorín, colorado… esta historia se ha acabado".

Se apaga el foco del juglar y se enfoca solamente la cara del príncipe y la princesa, vestida de novia, que saludan al público y les lanzan un beso, diciendo adiós. Se cierra el telón y se encienden las luces de la sala.

Ana, la de las musarañas

PERSONAJES

ANA: Niña pecosa y con gafas grandotas. Distraída y soñadora.

LA PROFESORA DE ANA: Mujer de mediana edad, delgada, con zapatos de tacón...

NIÑOS DE LA ESCUELA: Varios niños y niñas con cuadernos y lápices.

MADRE DE ANA: Mujer de mediana edad, dulce, cariñosa.

CHISS: Un duende, con una gran nariz puntiaguda, vestido de verde de la cabeza a los pies.

REY DE LAS MUSARAÑAS: Bajito y rechoncho. Con una nariz larga y puntiaguda, y cabellos blancos y rizados. Lleva una corona y un manto.

PERSONAJES DEL MUNDO INFANTIL QUE SE DESEEN: La Cenicienta, el Príncipe, Pocahontas, John Smith, la Bella y la Bestia, la Sirenita, los tres cerditos.

LACAYO DEL PALACIO: Pequeño, vestido de verde, con una peluca con coleta blanca y con un bastón en su mano derecha para anunciar a los invitados.

NOTA: La decoración se hará mediante cartulinas o papel continuo. Los niños la pegarán. En cuanto a la vestimenta, pueden utilizar ropas de los mayores, suyas, disfraces que ya tengan o fabricarlos con papel Pinocho.

ACTO I

L A ESCENA representa un aula de un colegio, con pupitres, una pizarra, la profesora explicando y todos los alumnos atendiendo, excepto Ana, que aparece sentada en primer plano en el escenario, distraída, sentada, con un libro abierto sobre el pupitre, una mano sujetando la cabeza, los ojos cerrados y un boli en la boca.

Se pone una música suave de fondo, mientras habla el narrador.

NARRADOR:

Esta niña gordita, bajita, con cara pecosa y gafas grandotas es Ana, "Ana, la de las musarañas". La llaman así, porque siempre está distraída pensando en príncipes, en hadas y en lámparas maravillosas.
En el cole se ríen de ella porque nunca se entera de nada. Mirad lo que sucede cuando la profe le pregunta.

PROFESORA: Ana, dinos cuáles son las partes más importantes de la flor.

Ana ni se inmuta, sigue en la misma postura. La profe vuelve a repetir la pregunta.

PROFESORA: *(En un tono más alto.)* Ana, ¿quieres decirnos cuáles son las partes más importantes de la flor?

Ana sigue en la misma postura, todos la miran y ella ni se da cuenta.

COMPAÑEROS DE ANA: *(Todos gritan a la vez.)* ¡Ana!

ANA: *(Sobresaltada.)* ¿Qué, qué pasa? Me habéis asustado.

PROFESORA: *(Se acerca a Ana enfadada y nerviosa)* ¿Que te hemos asustado? ¡Encima! ¡Esto es el colmo! Llevamos un buen rato esperando que nos expliques las partes de la flor y Ana ¡cómo no! ¡pensando en las musarañas!

Ana baja la cabeza avergonzada, porque no se ha enterado de nada.

NIÑOS: ¡Ja, ja, ja! *(Ríen y canturrean varias veces todos juntos.)* ¡Ana, la de las musarañas!

NARRADOR: Esto que habéis presenciado ocurre muy a menudo. Cuando la llaman, nunca se entera, siempre está distraída y ¡claro! no sabe qué contestar y siempre tiene que escuchar: "Ana, siempre estás pensando en las musarañas".

ACTO II

*S*E VE *a la madre de Ana, en la cocina, batiendo los ingredientes para hacer un pastel, mientras Ana, con un libro de cuentos, está extasiada mirando sin parpardear una ilustración de un príncipe.*

MADRE DE ANA: Ana, por favor acércame el azúcar *(Le pide su madre amablemente.)*

Pero Ana, como siempre, no se entera. La madre vuelve a repetirlo subiendo el tono de voz.

MADRE DE ANA: Ana, acércame el azúcar, que tengo las manos ocupadas.

Pero Ana sigue sin enterarse... Entonces, la madre la llama por tercera vez, ya muy enfadada.

MADRE DE ANA: ¡A-n-a!

Ana por fin ha oído a su madre, da un salto y responde sobresaltada.

ANA: Sí, mamá, ¿qué quieres? ¡Vaya susto que me has dado!

MADRE DE ANA: *(Muy enfadada.)* ¿Que… qué quiero? ¡Eres incorregible! ¡Siempre estás pensando en las musarañas! ¡Vete a tu cuarto y no salgas de él en toda la tarde! ¡Estás castigada!

ANA: Pero, mamá…

MADRE DE ANA: No quiero más "peros". ¡A tu cuarto!

ACTO III

*A*l subir el telón aparece la habitación de Ana: una cama, una mesilla, una silla, algunos libros y muñecos. Ana está tumbada sobre la cama llorando sin parar.

NARRADOR: Esta escena, por desgracia, es muy habitual en la vida de Ana. Tan habitual que ocurre todos los días.

ANA: *(Exclama entre lágrimas).* ¡Qué desgraciada soy! ¡Siempre tengo problemas! ¡Unos se enfadan conmigo, otros se ríen de mí...! ¿Qué puedo hacer...? ¿Qué puedo hacer...?

Y mientras Ana llora y llora sobre su cama, aparece un ser pequeño, Chiss, con una gran nariz puntiaguda, vestido de verde de la cabeza a los pies.

CHISS: ¡Vamos, vamos, deja de llorar!

ANA: No puedo. Estoy muy triste *(Contesta distraída.)* Pero... ¿quién me habla? *(Ana abre los ojos pero no ve nada.)*

CHISS: ¡Eh, mira! ¡Estoy aquí, al lado de tu mesita de noche!

Ana se frota los ojos con insistencia una y otra vez, porque cree ver visiones.

ANA: ¡Ooooooohhhhh! ¡Si parece de verdad! ¿Estaré soñando otra vez?

CHISS: *(Ríe estrepitosamente.)* No, Ana, no. Esta vez no estás soñando. Soy Chiss y vengo del País de las Musarañas.

ANA: ¡Oh, no! ¡Me estás tomando el pelo! ¡Tú también te ríes de mí!

CHISS: ¡Estás muy equivocada pequeña! ¡Hablo en serio, pero que muy en serio! Me ha enviado mi rey para invitarte a visitar nuestro país. ¿Sabes? Allí las casas son de chocolate, de frambuesa y de barquillo. Los árboles en vez de hojas tienen gominolas verdes, rosas y amarillas. Los bancos de los parques son de turrón de almendra y los toboganes de caramelo. *(Ana le escucha muy asombrada con los ojos abiertos como platos.)* De las fuentes, en vez de agua sale horchata y  batidos variados. Las nubes son de nata y de algodón dulce. ¿Te lo imaginas? Seguro que te gustaría estar allí, ¿verdad?

ANA: ¡Claro! ¡A quién no!

CHISS: Pues vamos, se hace tarde. *(Chiss coge la mano de Ana y pronuncia las palabras mágicas.)* "¡Tris, tras, tris! ¡Tris, tras, tras!" *(Se oye un estruendo, como un trueno, y se queda el escenario a oscuras).*

ACTO IV

A L ALZARSE *el telón, vemos en el centro un trono y, sentado en él, al rey del País de las Musarañas: un ser pequeño y rechoncho. Su nariz es larga y puntiaguda y sus cabellos blancos y rizados. A la izquierda del rey se encuentran Chiss y Ana.*

REY DE LAS MUSARAÑAS: Buenos días, Ana. Te estaba esperando. ¿Te gusta mi país?

ANA: ¡Oh, sí majestad! ¡Es fabuloso!

REY DE LAS MUSARAÑAS: Tengo una sorpresa para ti. He organizado un gran baile en tu honor.

ANA: ¡Oh, muchísimas gracias, majestad!

Entra en el escenario un hombrecillo vestido de verde, con peluca blanca y un bastón en la mano. Hace la reverencia al rey del País de las Musarañas y comienza a presentar a los invitados.

NARRADOR: El baile está a punto de empezar. Los invitados son presentados. Allí están la Cenicienta y el Príncipe, Blancanieves y los enanitos, la Bella y la Bestia, Aladino y su lámpara, Caperucita, los tres cerditos, la Sirenita… *(Según los va nombrando el narrador, van apareciendo en el escenario y hacen la reverencia al monarca.)*
¡Todos aquellos personajes con los que siempre había soñado están ante ella! ¡Qué contenta está Ana!

ANA: ¡Qué feliz soy! ¡Esto es maravilloso!

REY DE LAS
MUSARAÑAS: *(Sacando de su bolsillo una llave diminuta que cuelga del cuello de Ana.)* Este es mi regalo. Con esta llave y pronunciando las palabras mágicas: "¡Tris, tras, tris! ¡Tris, tras, tras!", podrás entrar en este país siempre que lo desees.

ANA: *(Contesta llena de alegría haciendo una reverencia al rey.)* ¡Muchísimas gracias, majestad!

Se apagan todas las luces. Se oye solamente la voz del narrador.

ACTO V

NARRADOR: Son las ocho y media. La cena está preparada.

Se encienden las luces y se ve a la madre de Ana que entra en la habitación de la niña. Sobre la cama está Ana dormida.

MADRE DE ANA: ¡Vamos, despierta! La sopa se enfría.

Ana se despierta. Pone cara de pena y desilusión. La madre sale del cuarto.

ANA: *(Desilusionada.)* ¡Vaya, qué rabia! ¡Todo ha sido un sueño!

Pero Ana descubre una llave alrededor de su cuello y comienza a dar saltos de alegría.

NARRADOR: Allí, alrededor de su cuello, tiene la llave colgada. ¡Todo ha ocurrido de verdad! Este será el gran secreto de Ana "la de las musarañas".

SE CIERRA EL TELÓN

ÍNDICE